1840

PRESSENTIMENS.

ORLÉANS.

Imprimerie de PELLISSON-NIEL, rue d'Escures, 3.

1839.

1840

De même que dans le songe il arrive souvent qu'on se per-
suade des choses étranges, lesquelles se trouvent avoir, au réveil,
leur entier accomplissement ; de même, dans l'état de veille,
lorsqu'on rêve profondément, il arrive quelquefois à l'âme, on
ne sait d'où, un souffle inspirateur, une impression intime et
secrète qui semble lui révéler vaguement quelques-uns des se-
crets de l'avenir. Eh! qu'y a-t-il là d'impossible? L'homme sait peu
de lui-même ; tout ce qu'il possède de plus beau, depuis le génie jusqu'à l'extase, est-il autre chose qu'une révélation.

Eh bien! qu'est-ce qui empêche que ce phénomène se pro-
duise dans les intelligences et dans les instincts de tout un peuple, quand l'objet qui lui donne naissance concerne toute une
nation ?

Ne pourrait-on pas, en outre, avoir la consolation de penser
(et ce serait en même temps l'explication d'un grand mystère),
que l'homme a le pouvoir de pressentir quelquefois un événement grave qui le concerne, et un peuple ses grandes époques
de transformations, parce que l'un et l'autre en sont instruits
par ces esprits bienveillans dont la religion a peuplé l'air, et
qu'elle montre aux côtés de chacun : *Je vous enverrai mon
ange :.*, etc?

Quoi qu'il en soit du mysticisme de ce problème, c'est un fait
incontestable d'observation, que l'éternelle maladie de l'homme,
comme l'a dit M. de Maistre, est de vouloir pénétrer l'avenir : cela
suffit pour constater ses droits sur cet avenir, et pour prouver
les moyens qu'il a de l'atteindre, au moins dans certaines circonstances. Jamais une classe entière d'êtres ne saurait mani-
fester généralement et invariablement une inclination contraire
à sa nature. Jamais l'homme n'aurait recouru aux oracles, jamais il n'aurait pu les imaginer, s'il n'était parti d'une idée
primitive en vertu de laquelle il les regardait comme possibles
et même comme existans. On pourrait ajouter d'autres réflexions

tirées de l'astrologie judiciaire, des divinations de tous les genres, dont l'abus a sans doute déshonoré l'esprit humain, mais qui avaient cependant une racine vraie comme toutes les croyances générales. L'esprit prophétique est naturel à l'homme, et ne cessera de s'agiter dans le monde, tant que l'homme aura d'autres destinées que celles d'ici-bas.

Que si vous nous demandez ce que c'est que cet esprit prophétique, ne pouvant vous répondre que par de vagues explications, nous nous contenterons de vous citer cette phrase si remarquable de Machiavel, homme peu crédule assurément : « Jamais il n'y eût dans le monde de grands événemens qui » n'aient été prédits de quelque manière. » Or, l'histoire entière est là pour prouver la vérité de cette assertion.

D'anciens livres chinois enseignent que le *Tien* ne frappe jamais de grands coups sur une nation entière sans l'inviter à la pénitence par quelque signe sensible. — On lit dans le Chouking : « Quand une famille s'approche du trône par ses vertus, et qu'une autre est prête à en descendre en punition de ses crimes, l'homme parfait en est instruit par des signes avant-coureurs. » — Que de voix mystérieuses n'ont pas annoncé la naissance du Sauveur ! Le monde entier était agité alors de l'esprit prophétique ; c'était le grand événement de l'humanité. « Tu » m'as saisi, ô Éternel ! s'écrie Jérémie, et je n'ai pu résister. » Platon avouant que de lui-même l'homme ne savait pas prier, qu'il avait besoin d'apprendre quel hommage il devait aux dieux, conseillait d'attendre, pour offrir un sacrifice efficace, l'arrivée du suprême instituteur. « Tous les peuples, disait un » disciple de Confucius, l'attendent comme les plantes flétries » attendent la rosée. » — Vers la fin de la république romaine, Cicéron, remarque M. de Lorgues, à qui nous empruntons cet ordre d'idées, annonçait la loi unique par laquelle seraient régis tous les hommes. Les oracles sibyllins prédisaient deux rois : l'un devait régner à Rome, l'autre sortir de l'Est de la Judée pour gouverner l'univers. Tite-Live, Salluste, Tacite, Virgile, Plutarque, mentionnent cette croyance universellement répandue. Et cependant, alors comme aujourd'hui, il y avait de beaux esprits qui se moquaient et *de la grande année, et du siècle d'or, et de la chaste Lucrèce, et du mystérieux enfant !* nonobstant leurs dérisions :

> L'enfant du haut des cieux était prêt à descendre.

On n'a pas oublié, dit l'auteur du *Christ devant le siècle*, que l'arrivée des Espagnols causa aux Américains moins de surprise que de frayeur ; la croyance presque universelle régnait chez eux qu'une grande calamité les menaçait, et leur serait apportée par une race de conquérans redoutables, venant des régions de l'Est pour dévaster leur contrée. Dans un discours aux Grands de ses états, Montézuma leur rappela les traditions et les prophéties qui, depuis longtemps, annonçaient l'arrivée d'un peuple qui devait prendre possession du pouvoir suprême.

Pour ne parler que de notre patrie, les malheurs qui l'ont désolée ne furent-ils pas, tant en France qu'à l'étranger, décrits avec des circonstances hors de toute probabilité humaine ? Plus de trente ans avant que l'on battît monnaie à la place de Grève, le vertueux Albert de Haller les avait annoncées en Allemagne. Quelques années avant la révolution, les Neuville, les Beauregard, doués d'une vue vaticienne, avaient résumé l'histoire de la catastrophe à venir avec ses circonstances les plus précises, telles que l'abolition des fêtes, la spoliation des églises, la déesse Raison, l'impudique Vénus, placées sur les tabernacles des temples ; et cela, du haut de la chaire, en présence d'un auditoire nombreux, au milieu de Paris. Et il se trouva des hommes qui jetèrent le blâme et l'ironie sur ce qu'ils appelaient un excès de zèle du ministre du Seigneur, comme autrefois ces misérables enfans de Béthel qui criaient à Elisée : « Allez, chauve ! »

A qui les événemens donnèrent-ils raison ? — Hélas ! on ne le sait que trop !

La rentrée des Bourbons, le désastre de Moscou avaient pareillement été annoncés plusieurs années avant l'événement. Et jusqu'à notre dernière commotion politique, ne fut-elle pas pressentie en divers lieux et sous différentes formes ? La France entière n'était-elle pas dans l'attente, sinon de ses trois Journées d'angoisses, du moins de la secousse politique qu'elles provoquèrent ?

Pourquoi voulez-vous qu'il n'en soit pas de même aujourd'hui ? Aujourd'hui, un secret pressentiment ne nous annonce-t-il pas aussi un avenir nouveau ? Comment mépriserions-nous cette universelle persuasion ?

Mais quel sera cet avenir ? nous l'ignorons. Si nous pressentons de grandes calamités comme une juste punition de cette vaste séduction du mal dont nous avons le spectacle devant les yeux et qui semble à la fois la cause et le présage d'un mémorable jugement, une chose nous console : c'est qu'au fond de toutes les âmes il y a aussi une espérance de jours meilleurs. Malheureusement, peut-être, ces beaux jours ne doivent-ils être amenés que par quelque grande expiation chargée de battre en ruines l'apostasie.

En attendant, nous aurions à subir les malheurs du règne passager du mal, résultat d'une immense défection de la foi, qui, sans doute, entraînerait toutes sortes de maux physiques, tels que meurtres, discordes, rapines, empoisonnemens, pestes peut-être, car ces maux sont souvent la conséquence effroyable, mais providentielle du désordre moral.

Si les signes dont nous voulons parler pour notre époque, et particulièrement pour une année, sœur aînée de celle qui s'écoule, ne présentent pas ces caractères d'universalité et de grandeur qui maintes fois ont frappé les peuples de stupeur ou les ont ravivés d'espérance, à l'époque des phases les plus importantes de l'humanité, c'est que sans doute l'épreuve ou la miséricorde qui nous est réservée n'intéresse pas le genre humain tout entier, mais seulement une cité ou un royaume.

II.

Un fait existe, puissant et mystérieux, dont notre génération est témoin, un fait plus fort que toutes les protestations des esprits *forts*, indépendant de quelques dénégations isolées qui ne comptent pour rien dans l'imposant accord des croyances populaires ; un fait qui, à lui seul, caractérisera notre époque comme une époque de transition ; c'est que partout, autour de nous, l'attente est générale d'un avenir qui ne doit ressembler en rien aux jours qui s'écoulent. Voilà ce que nul être doué de quelque puissance d'observation n'osera venir mettre en doute.

Que si l'on nous accuse de hardiesse en nous voyant ainsi interroger du regard les ombres du lendemain, nous répondrons que peut-être sommes-nous dans ces siècles dont Daniel a dit : « En ces temps-là, plusieurs rechercheront l'intelligence des Prophéties et la science augmentera » ; — Saint Paul que, dans les derniers temps, plusieurs s'écarteront de la foi, en s'attachant aux esprits d'erreur et aux doctrines de l'esprit de mensonge ; » — et saint Jude que, « dans les derniers temps, il viendra des séducteurs marchant au gré de leurs passions dans les voies de l'iniquité. »

Ne serions-nous pas dans ces temps annoncés ?

Qu'on nous permette, à ce sujet, une courte excursion dans le domaine ténébreux du mysticisme biblique, uniquement pour faire un rapprochement qui nous semble curieux et que nous n'aurons, en aucune manière, la prétention de présenter comme une prévision incontestable.

Tout porte à croire que nous commençons le septième et dernier âge de l'église chrétienne dont parle l'apôtre saint Jean. Or, s'il est vrai, comme le pense M. Lefebvre, que les révolutions futures ont leur germe dans les révolutions précédentes, on peut dire que le Protestantisme, apparu au cinquième, âge a donné naissance au Philosophisme déclaré dans le sixième ; et, par induction, on est fondé, ce semble, à se demander ce qu'il résultera du Philosophisme dans le septième âge. L'habile commentateur que nous venons de citer n'hésite pas à signaler, comme résultat probable, l'apostasie publique venant persécuter le catholicisme dans les quatre parties du monde. Heureusement, son règne doit être court, et après, il ne survivra qu'un grand relâchement dans la foi, mais il n'y aura plus de défection universelle. La *Bête*, c'est-à-dire l'erreur, dans le style apocalyptique, ne dominera plus le monde entier. Et ce sera une indifférence profonde, cette mort anticipée, qui déterminera les funérailles de la terre.

Saint Jean parle, dans ses prophéties, de *quatre* MOUVEMENS DE LA TERRE, dont le dernier doit avoir lieu dans le septième âge. Trois de ces *mouvemens* sont déjà connus, et tous trois ont été des *révolutions politiques*. Le premier, à la fin du deuxième âge, est la *révolution* qui, au temps de Constantin-le-Grand, fit triompher le christianisme et proscrire le paganisme. Le second, au commencement du quatrième âge, après la mort de Théodose-le-Grand, est la *révolution* qui amena la chute de l'empire romain, par suite des invasions des barbares. Le troisième, à la fin du sixième âge, est la *révolution* (*revolvere*) qui vient de changer, il n'y a pas encore un demi-siècle, la face de l'Europe. Puisque les trois premiers *mouvemens* sont trois grandes transformations politiques, pourquoi n'en serait-il pas de même du quatrième?

Saint Jean ajoute que ce sera un *mouvement* si grand que jamais on n'en vit de semblable depuis que les hommes sont sur la terre (xvj. 19). Ce sera donc une révolution universelle dont tous les hommes seront témoins. Ce *très-grand mouvement*, dans le sens probable de l'Apocalypse, ne peut être qu'une *persécution* universelle, suivie d'une grande révolution qui changera la face de la terre. Car saint Jean annonce, précisément pour le septième âge, une tentation qui doit éprouver tous les habitans de la terre (iij. 10); une grande séduction dans les quatre parties de la terre (xvj. 12. 14). Pour la même époque, remarque de nouveau M. Lefebvre, le prophète Daniel déclare que ce sera un temps d'une tribulation si grande, qu'il n'y en a jamais eu de semblable (xij.). De son côté Ezéchiel annonce que les événemens de cette époque *seront précédés d'une immense défection de la foi* (2. Thess. 2).

Ces témoignages mystérieux ne pourraient-ils pas nous faire craindre que la Coupe dont l'ange aura nécessairement à verser tôt ou tard quelques gouttes sur la France, centre de l'activité européenne, ne soit pleine de fiel, et ne fasse ruisseler sur nos têtes la colère du Très-Haut; car, nous l'avons dit, peut-être sommes-nous venus en ces temps prédits au commencement des âges, et pressentis par nous-mêmes, avant que l'heure de l'épreuve n'ait sonné.

Ecoutons la voix prophétique du Solitaire de Pathmos :

« 13. Et je vis sortir de la bouche du Dragon (*paganisme*) et de la bouche de la Bête (*arianisme*) et de la bouche du faux Prophète *(mahométisme)*, trois esprits immondes (*ce sont les trois doctrines que nous venons d'indiquer*), semblables à des grenouilles (*c'est-à-dire que ces esprits se repaissent d'orgueil et que la vanité les enfle*).

» 14. Car ce sont des esprits de démons qui font des signes (*des formules de foi*); qui vont vers tous les rois qui habitent la terre, les assembler pour le combat au grand jour du Dieu Tout-Puissant. »

C'est bien là, qu'en pensez-vous, cette séduction universelle, cette révolte générale contre les choses d'en-haut, dont nous venons de dire un mot.

III.

Eh bien ! au milieu de cette attente générale, en présence de ces paroles solennelles, parmi ces immenses changemens dont nul ne sait l'heure précise, une époque très-rapprochée de la nôtre est fixée par les pressentimens populaires; l'année qui doit suivre celle qui s'écoule, est signalée comme portant en elle les élémens d'une action qu'on se figure puissante et irrésistible, sans pour cela en connaître parfaitement la nature. **Mil huit cent quarante** est cette année mystérieuse, grosse d'événemens. Mais quels seront-ils ? Funestes ou avantageux au pays ? La nature de nos pressentimens ne paraît pas l'indiquer. Cependant des voix ont été entendues, humbles mais vibrantes de conviction, qui disaient : « Malheur! »

Avant de reproduire ces avertissemens divers, il importe de faire connaître la croyance populaire dont nous venons de constater l'existence.

N'est-il pas vrai que depuis que vous êtes né, qui que vous soyez, à quelque point de la France qu'ait reposé votre berceau, vous avez mille fois, sur les genoux de votre mère, par les vieillards et par le peuple, entendu répéter ces diverses locutions :

On dit qu'en **1840** il sera curieux de vivre : Vivrai-je jusqu'en 1840 ?

Mon vieux père m'a dit, mon aïeul m'a raconté, qu'en cette année-là, il se passerait des choses extraordinaires; que des événemens graves surgiront à cette époque.

N'est-il pas vrai que de tout temps vous avez ouï dire, vous avez dit vous-même, comme par forme de défit, comme par impossible : Oui !.... pour **1840 !!!**

Et s'il s'agissait de choses étranges, inusitées, problématiques, on disait, vous disiez, et l'on dit, et vous dites encore, à présent même peut-être, en vous moquant de nos récits : Bah ! c'est pour l'an QUARANTE ; — en l'an QUARANTE !

Il semble que l'on ne puisse mieux comparer les choses difficiles à croire, qu'aux événemens qui doivent étonner ceux qui vivront en **1840**, comme s'il avait été donné à chacun de lire, mais d'une manière peu distincte, au grand livre des destinées.

N'est-il pas vrai que plus récemment surtout, et par des bouches sérieuses, vous avez entendu renvoyer à cette année-là la solution de bien des problêmes politiques et religieux ? N'est-il pas vrai que beaucoup y croient, que tous l'attendent, si non avec impatience, du moins avec une sorte de curiosité inquiète qui trahit l'analogie de leurs pressentimens particuliers avec les pressentimens communs ?

N'est-il pas vrai enfin que, pour les uns, **1840** est un rendez-vous de vengeances ! pour les autres, une ère d'espérance et de salut ! pour le plus grand nombre, un terme d'effroi et de calamités !....

Qu'est-ce à dire ? — Si ce que nous avons avancé sur la nature des pressentimens, n'est pas tout-à-fait dénué de fondement, cette opinion populaire, presque traditionnelle, mérite nos respects, du moins notre attention : il ne faut jamais narguer ce qui ne ferait même que ressembler à un avertissement.

Oui, il y a là un de ces pressentimens intimes qui agitent les peuples à l'approche d'événemens graves ; comme tous les êtres doués de vie, ont le privilége de sentir d'avance l'orage qui se prépare dans le lointain, et qui va éclater.

Il y a aussi, à notre avis, la preuve d'un don naturel, d'un sens qui n'a point été classé jusqu'ici, dont la Providence a mis l'homme en possession, et que nous semblons perdre davantage à mesure que nous nous écartons de la nature. L'instinct physique, chez nous, est moins délié que chez le sauvage, que chez les animaux. De même l'instinct moral : il s'use de plus en plus par nos éducations et nos habitudes sociales, tout-à-fait contraires à l'état primitif de l'humanité, qui, sans être l'état sauvage, jouissait d'instincts plus vivaces et plus aptes à saisir les relations intimes existant entre tous les êtres qui peuplent et animent la création.

A l'appui des considérations dans lesquelles nous sommes entrés, faisons comparaître devant nous des témoignages plus imposans ; prêtons l'oreille à quelques-unes de ces révélations de l'avenir, qui intéressent toujours, lors même qu'elles ne sont pas crues. Les chapitres précédens doivent avoir mis à l'abri la *rationalité* de notre croyance.

Quant à l'authenticité des paroles mystérieuses que nous allons transcrire, nous ne sommes nullement tentés de la prendre sous notre responsabilité. Quoi qu'il arrive, il restera toujours acquis à nos investigations que cette date de **1840** a préoccupé, longtemps à l'avance, l'esprit d'un grand nombre d'hommes, à différentes époques et dans diverses contrées.

(On n'a pas copié les événemens relatifs à la révolution de 91, qui tous étaient accomplis lorsqu'on a tiré cette copie.)

« En ce temps-là, un *jeune homme* viendra d'outre-mer dans le pays de Celte gaulois, se manifestera par conseil de force; mais les grands, qu'il ombragera, l'enverront guerroyer dans les terres de captivité. La victoire le ramènera au pays premier. *Les fils de Brutus* moult stupides seront à son approche, car il les dominera et prendra nom *Empereur*. Moult puissans rois seront en crainte vraie, et *son aigle* enlèvera moult sceptres et moult couronnes. Piétons et cavaliers portant aigle et sang autant que moucherons dans les airs, courront avec lui dans toute l'Europe, qui sera moult sanglante. Il sera tant fort que Dieu sera cru avec lui. L'Eglise de Dieu, moult désolée, se consolera tant soit peu en voyant encore ouvrir ses temples, et Dieu sera béni. Mais c'est fait, les lunes sont passées; le vieillard de Sion maltraité criera à Dieu, et voilà que le puissant sera aveuglé par péchés et crimes. Il quittera la grande ville avec armée si belle, que oncques fut jamais; mais oncques guerroyeur ne tiendra bon devant la force du temps. La tierce part, et encore la tierce part de son armée *périra par le froid* du Seigneur. Alors, deux lustres seront passés depuis le siècle de la désolation; les veuves et les orphelins crieront à Dieu, et voilà que les *hauts abaissés reprendront force ; ils s'uniront* pour abattre l'homme tant redouté.

» Voici venir avec eux le sang des siècles qui reprendra place et lieu dans la grand'ville. Lors, l'homme tant redouté s'en ira abaissé près du pays d'outre-mer, d'où il était advenu. Dieu seul est grand ; lune onzième n'aura pas encore lui, et le fouet sanguinolent du Seigneur reviendra en la grand'ville, et le vieux sang la quittera. Dieu seul est grand ; il aime son peuple et il a le sang en haine. La cinquième lune reluira sur maint guerroyeur d'Orient ; la Gaule est couverte d'hommes et de machines ; c'est fait de l'homme de mer.

» Voici encore venir le *vieux sang de la cape* (des Capets): Dieu veut la paix, et que son nom soit béni, et grande paix sera dans le pays du Celte gaulois. La fleur blanche sera en honneur moult grand ; les maisons de Dieu oniront moult saints cantiques, mais les fils de Brutus, haïssant la fleur blanche, obtiendront règlemens puissans, dont Dieu est moult encore courroucé à cause des siens. Le saint jour est profané, et cependant Dieu veut éprouver le retour à lui par 18 fois 12 lunes (17 ans 16 jours). Dieu seul est grand; il purgera son peuple par tribulations, mais les mauvais auront fin. — En ce temps-là, une grande conspiration sera contre la fleur blanche. Elle cheminera dans l'ombre par mains de compagnie maudite, et le vieux sang quittera encore la grand'ville. *Moult grandiront les fils de Brutus.*

» Les serviteurs de Dieu crieront à Dieu; mais Dieu, pour ce jour-là, sera sourd, parce qu'il retrempera ses flèches pour les mettre au sein des méchans. Malheur au Celte gaulois: le coq effacera la fleur blanche. . . . .

» *Le roi du peuple* sera en abord vu moult faible, *et pourtant contre ira bien des mauvais*; mais il n'était pas bien assis, et voilà que Dieu . . . . . . Il n'y a pas encore un nombre plein de lunes, et voici venir maints guerroyeurs; c'est fait: la montagne de Dieu a crié à Dieu; les fils de Juda ont crié à Dieu de la terre étrangère, et voilà que Dieu n'est plus sourd. 10 fois 6 lunes et pas encore 6 fois 10 lunes (9 à dix ans) ont nourri sa colère. . . . .

» La Gaule comme délabrée va se rejoindre; Dieu aime la paix..... Jeune prince, quittez l'île de la captivité; joignez le lion à la fleur blanche. Ce qui est prié, Dieu le veut.

» Le vieux sang des siècles terminera encore de longues divisions. Lors, un seul pasteur sera vu dans la Celte gaule; l'homme puissant par Dieu s'associera bien. Moult sages règlemens appelleront la paix; Dieu sera cru tant prudent et sage rejeton de la cape. La sainte Sion rechante dans ses temples un seul Dieu grand; moult brebis égarées surviendront boire au vrai ruisseau vif. Trois princes et rois mettront bas le manteau de l'erreur et verront clair en la foi de Dieu. Un grand peuple de la mer reprendra vraie croyance en deux tierces parts. Dieu est encore béni pendant 14 fois 6 lunes et 6 fois 13 lunes (13 ans 34 jours). Dieu seul est grand. . . . . »

Ce passage, on le voit, concerne en entier l'année **1840.** Nous savons une personne digne de foi qui l'a connu avant les événemens de 1789, qu'elle prédisait dans leurs circonstances les plus étranges. Nous l'avons vu en 1826, et l'on nous assure qu'il a étonné aux Tuileries même, sous la restauration.

—On nous a dit que le frère du comte Capo d'Istrias, gouverneur de la Grèce, avait lu, en 1819, à Sainte-Sophie, sur une tombe, que les Turcs devaient être chassés de Constantinople en **1840.**

— Un homme considérable écrivait dernièrement d'Amérique que l'opinion de l'importance de l'année **1840** était répandue, non-seulement dans l'Amérique, mais dans l'Asie.

(Gazette de France.)

— En 1836, un grand ministre d'Allemagne disait à un politique royaliste : l'an 40 résoudra tout. (*Quotidienne.*)

Tout le monde connaît le quatrain, qui paraît applicable de nos jours, d'un de nos vieux poètes dont le livre énigmatique offre assurément bien des prodiges. Son nom, devenu populaire, a perdu à cette popularité même. Nous voulons parler de Nostradamus; Nostradamus, qui a été traité peut-être beaucoup trop légèrement par des personnes qui ne l'avaient jamais lu. Nous renvoyons les rieurs à la dissertation de M. Théod. Bouy et d'un grand nombre de commentateurs dont l'esprit n'est certainement ni étroit ni débile, comme on pourrait vouloir se le persuader pour avoir les franchises d'une négation.

Nostradamus a dit dans une de ses Centuries :

> Philippe, sept ans fortune prospère,
> Arrêtera des Arabes l'effort;
> Mais, après adverse affaire,
> Un jeune oignon abîmera son fort.

Plus de sept années se sont écoulées depuis 1830, allez-vous dire, et qu'est-il advenu? rien pour vous, peut-être; beaucoup pour nous. N'est-ce pas depuis deux ans surtout que le trône du 7 août a reçu les plus terribles secousses? N'est-ce pas depuis deux ans que les grandes questions de réforme ont frappé d'ilotisme les ministères qui ont tenté de l'étayer sur des bases qu'ils ont trouvées mobiles? N'est-ce pas depuis deux ans que la France réclame, avec plus d'énergie que jamais, sa dignité et son indépendance fortement compromises? N'est-ce pas depuis deux ans, enfin, que se compliquent les affaires extérieures et que l'Europe est sur le *qui vive?* Cette opposition sourde et générale n'est-elle pas plus formidable cent fois que les colères locales de l'émeute?

Quant au dernier vers : *un jeune oignon abîmera son fort*, nous en abandonnons le commentaire aux esprits crédules et incrédules.

Une autre prophétie, exhumée du tombeau d'un Bénédictin, mort saintement à Naples dans le seizième siècle, a été apportée en France par M. Souailla, évêque de Lodève en 1732. Le procureur du roi de cette ville l'ayant trouvée à son décès dans ses papiers, l'a offerte à la publicité. Nous la citerons en entier à cause de sa briéveté, en ayant soin de faire ressortir, par la dimension des chiffres, le millésime qui concerne notre travail :

1755. *Magni terræ motus.* — Grands tremblemens de terre.

1790. *Ira Dei super terram.* — Colère de Dieu sur la terre.

1800. *A paucis cognoscetur Christus.* — La foi en J.-C. diminuera.

1840. Non erit pastor. — *Plus de pasteur.*

1888. *Surget vir magnus.* — Un grand homme se fera connaître.

1899. *Unum Deum adorabunt omnes gentes.* — Toutes les nations adoreront un seul Dieu.

1999. *Extinguentur sidera; erit unus pastor et unum ovile.* — Les astres s'éteindront ; il n'y aura plus qu'un pasteur et qu'un troupeau.

Parmi les événemens annoncés par le Bénédictin et qui devaient précéder ceux de **1840**, nous n'en voyons pas un seul qui n'ait eu son entier accomplissement.

Oserons-nous citer la prétendue révélation de Thomas Martin qui, aux yeux de plusieurs, n'est qu'un visionnaire ? Pourquoi non ? c'est au lecteur à lui donner le degré de confiance qu'il croira devoir lui concéder.

Le 10 mars 1816, l'ange dit à Martin, à Galardon : « Je vous » avais dit que mon nom resterait inconnu ; mais puisque l'in» crédulité est si grande, il faut que je vous le découvre, je » suis l'ange Raphaël ; j'ai reçu le pouvoir de frapper la France » de toutes sortes de plaies. » — A ces mots, dit-on, Martin fut saisi de frayeur et éprouva une sorte de crispation. L'ange lui annonça, en outre, que *la paix ne serait rendue à la France qu'après l'an* **1840**.

(Certifié véritable par l'archevêque de Reims, le curé de Galardon, le directeur de Charenton et Thomas Martin.)

Conformément aux extraits que nous venons de faire, un illustre voyageur, ancien officier de marine, nous a déclaré avoir lu, il y a plus de vingt ans, au fond de l'Amérique, de nombreuses et semblables prédictions sur l'année **1840**.

Nous tenons d'un proscrit polonais, qu'à Varsovie et dans plusieurs contrées de la Pologne, l'attente générale est la même pour la même année.

Il nous reste à emprunter à M. Ed. Bricon quelques passages d'un de ses recueils.

Prédictions du prince de Hohenlohe.

Copie d'un recueil de prophéties, reçu de Bavière, le 18 mars 1828.

1° Il y a peut-être trois ans, qu'une religieuse de France a confié au prince de Hohenlohe, qu'elle se sentait pressée d'annoncer à la France de plus grands maux que n'étaient ceux de la révolution. Je ne me rappelle plus le nom de cette religieuse, ni sa lettre, ni ce qu'elle est devenue.

2° Les journaux français ont publié la guérison miraculeuse de M. C., demeurant à G., qui s'est passée du 2 au 10 février 1821, à M. ; M. a écrit le 9 juin 1824. Durant la neuvaine, il a entendu tous les jours une voix qui lui annonçait sa guérison. Depuis ce moment, cette voix se fait entendre, et se nomme l'ange Raphaël. Si je pouvais savoir sûrement votre adresse, je vous ferais part de ce qu'elle lui dit ; j'en suis bien frappée. M. C. est le *Vir simplex, justus et timens Deum* (1). On peut dire que c'est un vrai Israélite, d'une piété douce et droite. A mon instance, M. C. m'a écrit uniquement que de grands maux auraient lieu ; mais après cela, il y aura une grande paix sur la terre. Il marque l'an **1840**. Selon les révélations en question, je regrette bien de n'avoir pu trouver cette intéressante lettre.

3° M. B. à F. m'a notifié, par sa lettre du 10 janvier 1826, que sa cousine fut guérie d'une épilepsie, par laquelle elle était travaillée depuis un an, dans les derniers mois de 1825, et que des choses extraordinaires se passaient sur elle. M. B. a continué de me donner des notices sur le même objet. Voici le récit qu'il a fait dans sa dernière lettre du 13 mars 1827.

« J'ai aussi demandé plusieurs fois à votre altesse qu'elle dai-
» gnât me donner son avis sur une de mes parentes, jeune per-
» sonne de vingt ans, qui a eu le bonheur d'être guérie un peu
» avant moi par le même moyen. Au moment de sa guérison,
» cette jeune personne entendit une voix douce et bien distincte
» qui lui annonça qu'elle allait être guérie, et qu'elle irait à la
» messe le lendemain : ce qui arriva de point en point. Après cela,
» cette voix continua à lui parler très-souvent, pendant trois à
» quatre mois, ou pour donner des leçons à la jeune personne,
» ou pour l'avertir sur ses défauts, quelquefois pour faire des
» prédictions dont l'accomplissement était prochain, et toujours
» les choses arrivaient comme elle les avait prédites. D'au-
» tres fois c'étaient des choses éloignées ; puis elle nous a pré-
» dit qu'en l'an **1840**, il y aurait en France et en plu-
» sieurs autres états de l'Europe, une persécution plus vio-
» lente que celle de la révolution française ; elle révé-
» sait le sort des morts, et elle nous en a fait connaître
» plus de cent. On entendait le son de la voix, mais la jeune
» personne seule la comprenait. Elle se nommait l'ange Raphaël,
» et répondait à chaque question qu'on lui faisait. Elle parle
» encore quelquefois maintenant à la jeune personne, et tou-
» jours pour la reprendre ou l'avertir quand elle fait mal. Bien
» d'autres choses extraordinaires ont eu lieu. Il serait trop
» long de les rapporter. »

---

(1) L'homme simple, juste et craignant Dieu.

La persécution m'a déjà été prédite par une autre personne qui, dans des extases extraordinaires, a appris, comme la précédente, qu'elle aurait lieu pour l'an **1840.** Cette personne m'a prédit mille autre choses, dont quelques-unes ont déjà eu lieu comme elles avaient été prédites.

4° J'ai remis ces trois numéros à un digne ecclésiastique, M. P. de B. Voici ce qu'il m'a répondu le 19 mai 1827 :

« Je suis convaincu que les prophéties s'accompliront. Il pa-
» raît que le Seigneur fait annoncer les événemens dans divers
» lieux pour soutenir ses enfans dans les combats qu'ils auront
» à soutenir de la part des impies. Je connais une maison reli-
» gieuse de l'ordre de Saint-Bernard, où il se trouve une sainte
» professe, à qui Notre-Seigneur apparaît très-souvent pour lui
» donner des instructions les plus saintes et les plus conformes
» à la doctrine de l'Eglise ; il lui fait aussi connaître *les événe-*
» *mens auxquels nous touchons de très-près* : ils *commenceront*
» *en France,* et s'étendront ensuite dans les autres royaumes.
» La persécution sera violente, les impies auront d'abord des
» succès ; mais au moment où ils croiront toucher au renver-
» sement de la religion, la main du Seigneur s'appesantira sur
» eux d'une manière si frappante, que plusieurs se convertiront.
» Insensiblement la religion triomphera, et il s'opérera un re-
» nouvellement dans tout l'univers. Jamais il n'y a eu d'époque
» aussi belle, aussi consolante que celle qui se prépare. Il est
» recommandé aux vrais fidèles de mettre toute leur confiance
» en Jésus-Christ, et pendant tout le temps que durera la per-
» sécution, de ne rien craindre ; le Seigneur a pris sa cause en
» main, et heureux ceux qui se confieront à sa protection. Mais
» ce *qui est répété très-souvent,* c'est que la religion triomphera
» dans TOUT l'univers. Il faut bien prier pour les pécheurs, et
» et s'adresser pour cela à la très-sainte Vierge, à saint Michel,
» à saint Gabriel, à saint Raphaël, et tous les saints anges. »
Cette sainte personne a annoncé beaucoup de choses peu éloignées qui sont déjà arrivées, et dont j'ai été moi-même témoin.
J'ai oublié de vous dire que la personne de ce couvent, qui a des
révélations, était une pauvre bergère, qui n'avait jamais rien
appris, et qui cependant dicte à la supérieure ce qu'elle a entendu dans ses apparitions avec toute l'exactitude grammaticale,
et qui emploie des termes dont elle ne connaît pas la significa-
tion, qui sont ceux de la théologie la plus exacte. »

Que dirons-nous de plus ? Continuerons-nous nos citations ? à quoi bon ! C'en est assez pour prouver que cette date de **1840** préoccupe depuis longtemps les esprits, et que des pressenti-mens plus ou moins sérieux, plus ou moins vagues, plus ou moins véridiques, nous arrivent de toutes parts pour cette époque si voisine de la nôtre.

Déjà le peuple, dans un grand nombre de villes et dans les

campagnes, fatigué de son malaise, commence à accueillir avec faveur, dans l'espoir d'en sortir enfin, l'attente générale pour **1840**. Déjà certaines analogies politiques frappent singulièrement les esprits : **1839** ressemble à **1829**.

Il n'en faudrait pas davantage pour donner raison à ces rêves populaires.

Si la France entière, dit un journal, se mettait dans l'esprit que l'an **40** doit lui apporter une révolution quelconque, par cette seule idée, l'an **40** lui apporterait une révolution.

IV.

Quoi que nous puissions penser de cette diversité de rapprochemens, de cet ensemble de faits, de pressentimens et de prédictions, tout, dans la marche des événemens, prépare, en outre, à une catastrophe.

Partons du connu pour aller à l'inconnu : peut-être parviendrons-nous, par ce moyen, à faire surgir quelques nouveaux pronostics, lesquels justifieront encore les prévisions que nous avons invoquées jusqu'ici.

Dès qu'on se recueille un instant, et que l'on vient à faire descendre son esprit jusque dans les profondeurs de la situation actuelle, comment n'y pas apercevoir pour l'avenir, et pour un avenir peu distant de nos jours, des calamités d'un nouvel ordre ? Comment n'en pas voir la source dans cette tiédeur, image d'agonie ; dans cette haine brutale contre toute religion qui paraît quitter, il est vrai, les sommités sociales, mais qui gagne certainement les rangs inférieurs ; dans cette passion effrénée de libertés mal comprises ; dans cette ardeur excessive de découvertes nouvelles, d'idées ignorées, la plupart inutiles et souvent nuisibles à la société ; enfin, et surtout dans cette libre propagation des doctrines erronées, signes précurseurs, sinon de la décadence et de la ruine des empires, du moins, signes évidens de la dissolution prochaine de toute société qui vit sous d'aussi malignes influences ?

Comment contempler sans inquiétude pour le présent, sans effroi pour l'avenir, ces ambitions exaltées, cette avidité de richesses, ce culte pour l'industrie et pour l'or, cet orgueil enfin, si général, si grossier, qui jette son vil mépris sur tout ce qui est ancien, et ses misérables dérisions sur toute autorité ?

Hélas ! qui ne le sait, aujourd'hui encore, non moins qu'avant notre grande épreuve, l'Athée (car il y en a toujours qui rampent

dans l'ombre) songe à plonger son poignard dans le sein du dernier
roi, comme à secouer sa torche sur l'autel du dernier temple.

Il y a plusieurs années, un grand écrivain, M. de Maistre, écri-
« vait : Nous devons nous tenir prêts pour un événement immense
» dans l'ordre divin, et vers lequel nous marchons avec une
» vitesse accélérée qui doit frapper tous les observateurs. Il n'y
» a peut-être pas un homme véritablement religieux en Europe,
» qui n'attende, en ce moment quelque chose d'extraordinaire, et
» tout annonce une grande unité vers laquelle nous marchons à
» grands pas. »

Sans contredit, le monde s'agite, à l'heure qu'il est, dans une
grande fermentation. Déjà des orateurs et des écrivains pleins
de zèle et de génie, nous annoncent des malheurs réservés à
toute nation abâtardie par le scepticisme, et desséchée par l'égoïs-
me. Ils n'ont, pour cela, qu'à se rappeler comment les Grecs,
les Romains, les générations dégradées du Bas-Empire, ont ex-
pié l'anarchie de leurs croyances et la corruption de leurs
mœurs. Chez nous, autour de nous, tout ne présage-t-il pas également un avenir aussi sinistre ? — Telle est la situation morale
des choses et des esprits en France.

Quant à la situation politique et matérielle, elle n'offre pas
moins d'embarras et de perplexités. C'est encore un problème
qui demande une prochaine et solennelle solution.

Nul ne peut se dissimuler que la paix, jusqu'à ce jour attachée
à nos drapeaux, ne soit fortement compromise pour les générations actuelles. Il n'y a qu'à lever les yeux, et à parcourir du
regard l'horizon qui nous entoure, pour apercevoir dans les
nuées comme une épée flamboyante qui se promène d'un air
menaçant, d'un coin du ciel au coin opposé. Il n'y a qu'à faire
silence pour ouïr de toutes parts une sourde rumeur, présage
d'une grande lutte qui va éclater, et demeurer un instant immo-
bile pour sentir le sol agité sous nos pas.

Voyez la Russie, d'où Gog s'élancera peut-être, puisqu'il
sera fils de l'Aquilon ; voyez-la chaque jour étendre de plus en
plus ses bras gigantesques, comme si elle voulait toucher du
doigt tous les royaumes qui composent l'Europe, afin de pouvoir la saisir et l'étreindre dans un moment de convulsion.

Voyez l'Orient qui se remue dans les sables de ses solitudes,
qui déserte ses mosquées, et reçoit, par les voies de communi-
cation que notre siècle a ouvertes dans son sein, les élémens
d'une civilisation jusqu'à présent inconnue sous son beau ciel.

Et puis, qui dira les conséquences de l'immense révolution
politique qui vient de s'opérer à Constantinople? Qui dira tout ce
que contient cette réforme de Ghulané, événement immense auquel
on ne saurait contester une vaste portée sociale? A la vue de l'Is-
lamisme rendant hommage, en cette occasion, et d'une manière
aussi solennelle, à la civilisation de l'Occident, n'est-on pas en

3

droit de croire justifiée à l'avance cette attente populaire qui, dans les contrées orientales, rapporte également à l'année 1840 la fin de l'empire ottoman?

Voyez la Pologne qui se meurt, et dont l'agonie peut être formidable.

Voyez la Prusse qui, au milieu de la paix dont elle jouit en apparence, couve des dissentions, fomente des querelles religieuses qui, à la longue, useront le pouvoir, nécessiteront des répressions; et qui sait si de ces répressions, survenues à une époque d'agitation universelle, ne surgira pas un mouvement qui fera cause commune avec l'ébranlement européen?

Voyez l'Angleterre, cette Carthage moderne, cette Tyr superbe qui vogue sur les mers comme un oiseau de proie plane dans l'air. Albion tombera de son pavois flottant et disparaîtra dans ses ondes, car elle a mis toute sa confiance dans les richesses de son commerce et les trésors de ses colonies. Elle a enveloppé son orgueil immense dans les moelleux replis d'un manteau de soie; ce manteau sera pour elle comme la tunique de Déjanire qui brûlait jusqu'aux os. Mais elle se débattra dans son naufrage, et la secousse de ses bonds se fera ressentir au loin. Sa colère sera un ferment de plus dans la conflagration générale.

Maintenant, voyez notre patrie, telle que l'ont faite les révolutions. Que fera-t-elle? que pourra-t-elle en présence d'événemens aussi graves, aussi décisifs? Ses institutions sont-elles assez fortes pour la protéger dans de pareilles circonstances? Son peuple a-t-il encore assez de ces nobles facultés qui distinguèrent ses ancêtres, de ces facultés ardentes qui dominent les circonstances par des prodiges d'héroïsme et de vertu? Pour cela il faut des convictions, et des convictions profondes: avons-nous ces convictions?

Cependant la France est le centre de l'activité européenne; de tout temps elle a eu l'honneur ou le déshonneur de l'initiative dans les destinées des peuples. Pour le bien comme pour le mal, c'est elle qui donne le signal qui doit être entendu de l'assemblée des nations.

Malheur donc à elle, malheur à nous, si elle restait au-dessous de sa mission! Il n'est écrit nulle part qu'éternellement la victoire l'escortera comme une fidèle vassale. Ses revers, nous le croyons à en juger par la nature même de cette mission, prépareront toujours sa gloire; mais cette gloire, elle pourrait bien ne l'atteindre qu'à travers des calamités sans nombre, au bout d'un chemin couvert de ruines et inondé de sang. Dans les destinées des peuples, les jours ne se mesurent pas sur le cours du soleil: qu'est-ce qu'un jour, qu'est-ce qu'une année dans un siècle, quand ce siècle est passé?

Fasse le ciel que nos prévisions ne s'accomplissent pas aussi terribles que nous avons pu les envisager! Mais, de bonne foi, nous est-il possible de nous croire *illuminés*, saisis de vertige, quand nous voyons au sein même de notre patrie des causes sans cesse renaissantes de dissentions et de révoltes; quand les opinions sont aussi nombreuses que les hommes, aussi changeantes que les passions, aussi impitoyables que l'orgueil et que l'ambition montés au plus haut point de leur paroxisme; et quand, au dehors, outre ces élémens de trouble et d'effervescence que nous venons de montrer si menaçans, nous voyons déjà établi, dans presque toutes les parties du globe, un système arrêté de persécution religieuse, et l'ordre aux prises avec l'anarchie? L'Espagne, le Portugal, l'Irlande, la Pologne, sont là pour nous rendre un triste mais solennel témoignage!

Avouons-le : l'état de malaise que chacun éprouve en ce moment est bien de nature à faire demander à l'an 40 une solution à tous risques et périls, car il semble que l'on ne puisse que gagner à un changement. Lorsque le malade succombe aux ardeurs de la fièvre qui le ronge, il compte toutes les heures qui s'écoulent. De même les sociétés; lorsqu'elles succombent au découragement, lorsqu'elles sont prises de lassitude, elles interrogent, non pas seulement le vol des oiseaux, mais la marche des choses, et elles accueillent facilement tous les pronostics, pourvu qu'elles y puissent apercevoir la fin des misères dont elles souffrent.

Est-ce donc un état normal qu'annonce aujourd'hui l'attitude de la capitale de la France? Quoi! la paix est profonde, et l'on charge les canons à mitraille, et l'on munit les gibernes des soldats, et l'on ne voit partout que corps-de-garde crénelés, blockaus et meurtrières; en sorte, qu'à vrai dire, chaque rue est comme un poste et la ville comme un camp. Vienne maintenant une explosion, et Paris peut être en feu. Enfin, population souffrante, désastres dans l'ordre physique et commercial comme dans l'ordre politique, ateliers déserts, émeute en perspective, voilà sous quels auspices s'avance l'année **1840**.

C'est ainsi que la Providence prépare ordinairement les grands événemens chargés d'atteindre le mal par ses fatales conséquences. Les hommes qui amènent ces événemens agissent à leur insu, et en sont quelquefois eux-mêmes les victimes.

Donc, ce qu'il y a d'indubitable, c'est que les persécutions et les prédictions dont nous nous sommes entretenus, se trouvent pleinement d'accord avec les tendances actuelles de la société. L'état de la politique et de la religion, comme aussi les dispositions particulières des esprits, tout concourt au même but. Toujours est-il qu'il y a une coïncidence frappante entre les idées bizarres de la foule sur l'année climatérique dont nous nous occupons, et les indices extérieurs qui signalent à la raison cette même année comme décelant des crises politiques dans toute l'Europe. Ni l'astrologie, ni la magie, ni la nécromancie, ni le mysticisme chrétien, ne sont pour rien dans ces complications.

Reste à savoir si tous ces présages seront fautifs.

V.

Jadis, le premier orateur de Rome, examinant la question de savoir pourquoi l'homme est instruit quelquefois de plusieurs événemens encore dans la main du Temps, en rapporta trois raisons d'après le philosophe grec Posidonius.

1° L'esprit humain, dit-il, prévoit plusieurs choses sans aucun secours extérieur, en vertu de sa parenté avec la nature divine.

2° L'air est plein d'esprits immortels qui connaissent ces choses et les font connaître.

3° Les dieux les révèlent directement.

En faisant abstraction de cette dernière explication, qui rentre pour nous dans la deuxième, on retrouve ici la pure doctrine de Pythagore et de saint Paul, reproduite déjà par nous dans notre premier chapitre.

Avons-nous quelque raison puissante et décisive pour nier ce à quoi l'antiquité entière, l'antiquité la plus éclairée n'a jamais hésité d'ajouter foi ?

« J'ai lu en Rebuffe, raconte le Loyer, dans son style naïf,
» qu'un jeune garçon lisant en l'église de Maghelonne l'épître à
» la messe, s'écria, en son langage provençal, par deux ou
» trois fois, *que les ennemis étaient près*. Et de fait, aussitôt se
» montrèrent en l'église quelques Turcs, qui étaient descendus
» de leurs barques pour venir ravager et prendre ce qu'ils ren-
» contreraient. »

Environ deux années avant la persécution générale d'Hunéric, une multitude de visions préparèrent les esprits à cette grande épreuve ; ces visions étaient prises, avec raison, pour des avertissemens du ciel.

Enfin, et pour en finir, nous nous contenterons de rappeler que l'histoire moderne, aussi bien que l'histoire ancienne, est pleine de faits très-singuliers, auxquels on ne peut donner qu'un nom, celui de PRESSENTIMENS POPULAIRES.

Qu'on veuille bien s'en ressouvenir : au commencement du dix-septième siècle, Pavillon publia un livre dans lequel il se moquait, avec une verve d'ironie peu commune, de l'importance que les visionnaires d'alors, comme il les appelait par dérision, voulaient donner à l'année 1789.

Eh bien ! 1789 a-t-il suffisamment justifié les PRESSENTI-MENS de cette époque.....!

Pourquoi n'en serait-il pas de même de nos jours ?